스마트폰 자격증이 필요해

스콜라 scola_가치 있는 책을 만드는 아름다운 책 학교
(주)위즈덤하우스의 아동·청소년 브랜드입니다.

글 이향안
대학에서 국문학을 공부한 뒤, 2000년 MBC 연속극 기획안 공모에 당선했습니다. 2001년에는 SBS TV 문학상을 수상했습니다.
지금까지 창작 동화《나도 서서 눌 테야》《수리수리 셈도사 수리》《광모 짝 되기》《팥쥐 일기》《채채의 그림자 정원》과 그림책《어느 날 우리 집에》를 출간했습니다.
다양한 분야에 관심이 많아서《방귀 스타 전학 오다!》《오늘부터 노채소 클럽》《쑥쑥 몸이 자라는 운동》《보글보글 마법의 과학책》《꼬들꼬들 마법의 세계 음식책》《2등을 기록하는 역사책》등의 기획 동화도 썼습니다.

그림 이주희
세상에 가득한 재미있는 이야기들을 그림으로 그릴 수 있어서 행복한 일러스트레이터입니다. 반짝이는 아이디어와 부지런한 성실성을 갖추고 날마다 어린이들을 위해 멋진 그림을 그리고 있습니다.
그린 책으로《착한 지방은 억울해》《팝콘 교실》《사진일기 쓰기》《똑똑한 지리책1》《상하수도는 무슨 일을 할까》《열 살에 꿈꾸면 좋을 것들》《독서 전쟁 세종대왕 vs 링컨》등이 있습니다.

좋은습관 길러주는 생활동화 27

스마트폰. 사용. 습관을. 고쳐주는. 책.

스마트폰 자격증이 필요해

글 이향안 | 그림 이주희

스콜라

작가의 말

도전! 스마트폰 자격증 따기

'어린이 스마트폰 중독 심각!'
'나도 스마트폰 중독이 아닐까?'
'인터넷·스마트폰 중독, 맞춤 도움 필요해.'

신문이나 방송을 보면 스마트폰 중독 관련 기사들이 수두룩해요. 특히 어린이들의 스마트폰 중독에 대한 걱정은 이미 사회적으로도 큰 문제가 되고 있지요. 하지만 정작 어린이들은 고개를 갸웃할 거예요.

"스마트폰을 많이 사용하면 어때서?"

"스마트폰이 얼마나 재밌는데……. 재밌으면 좋은 거지, 왜 그렇게 걱정을 하는 거야?"

《스마트폰 자격증이 필요해》의 주인공 마노도 이런 생각을 하며 고개를 갸웃거리는 평범한 아이예요. 게임에 빠진 마노는 자기만의 스마트폰을 가지는 게 소원이지요. 그래서 마노는 늘 꿈꾼답니다. '하늘에서 스마트폰이 뚝 떨어졌으면 좋겠어!'라고요.

그런데 간절히 원하면 이루어진다더니, 어느 날 정말로 하늘에서 뚝 하고 최신형 스마트폰이

떨어졌지 뭐예요. 마노는 신이 났어요.

그런데 문제가 생겼어요. 이 스마트폰을 사용하려면 자격증이란 걸 따야 한다지 뭐예요.

그날부터 시작된 마노의 스마트폰 자격증 따기 대작전! 과연, 마노는 이 자격증을 딸 수 있을까요? 스마트폰 자격증을 따려면 어떤 임무에 성공해야 하는 걸까요?

여러분도 마노와 함께 스마트폰 자격증에 도전해 보세요. 동화 속으로 들어가 마노와 함께 좌충우돌 스마트폰 자격증 따기 임무를 함께 수행하는 거지요. 그러다 보면 자연스럽게 깨닫게 될 거예요. 부모님들이 왜 자녀들의 스마트폰 중독을 걱정하는지를 말이에요. 그리고 스마트폰의 바른 사용법도 더불어 알게 되지요.

그럼 정말로 '스마트폰 자격증'이 있느냐고요? 어떻게 하면 자격증을 딸 수 있느냐고요? 궁금하다면 《스마트폰 자격증이 필요해》를 읽어 보세요. 동화 속에 바로 그 정답이 있으니까요.

이향안

차 례

작가의 말　도전! 스마트폰 자격증 따기　4

📱 **가장 재미있는 세상!** ············ 8

🎵 **스마트폰, 하늘에서 뚝 떨어지다!** ·· 18

✉️ **친구와 놀기는 어려워** ·········· 40

💥 **재도전! 2단계 임무** ············ 50

👤 마지막 임무 · · · · · · · · · · · · · · · 58

📞 버티기 대회 · · · · · · · · · · · · · · · 64

🎵 스마트폰 자격증 · · · · · · · · · · · · · · · 74

부록 스마트폰을 똑똑하게 사용하는 법 80
① 나의 상태 알아보기
② 스마트폰 중독 예방하기
③ 스마트폰 없이 생활하기

📱 가장 재미있는 세상!

"시장 다녀올게!"

엄마의 목소리가 현관 밖으로 사라졌어요. 순간, 마노의 눈이 반짝 빛났지요. 마노가 종일 기다려 온 순간이니까요.

마노는 잽싸게 거실로 달려 나왔어요. 그리고 식탁 위에 동그마니 놓인 엄마의 스마트폰을 찾아냈지요. 시장에 갈 때마다 스마트폰을 깜빡 잊는 것은 엄마의 오랜

습관이거든요.

"히히히!"

마노의 입에서 절로 웃음이 흘러나왔어요. 지금부터 엄마가 돌아올 때 까지는 마노의 자유 시간이니까요. 엄마가 두고 간 스마트폰으로 게임을 실컷 할 수 있어요.

버튼을 누르자, 파란 불빛이 쏟아지며 스마트폰이 켜졌어요. 스마트폰은 세상에서 가장 신기한 바다 같아요. 파란 불빛만 켜지면 재밌는 세상이 펼쳐지니까요.

요즘 마노가 제일 좋아하는 건 '합체

로봇 게임'이에요.

"야호!"

버튼을 누르자마자, 엄마 몰래 깔아 놓은 합체 로봇 게임이 등장했어요. 하나하나 떨어져 있는 부속을 모아서 로봇을 합체하면 알을 받을 수 있는데, 그걸로 다른 로봇과 싸우는 게임이에요.

"좋아! 내 로봇의 실력을 제대로 보여 주겠어."

로봇을 후다닥 합체한 마노는 이내 전쟁을 시작했지요.

쿵! 쾅! 퍽! 우아! 발사!

조그만 스마트폰이 금세 로봇들의 전쟁터로 변해 버리는 신기한 세상이에요!

사실 컴퓨터와 스마트폰은 마노가 아는 가장 재미있는 세계예요. 특히 속도가 빠른 스마트폰은 금세 텔레비전도 되고, 극장도 되고, 쇼핑몰도 되고, 친구들과 만나는 장소도 돼요. 길을 알려 주는 길잡이도 되어 주고, 게임을 하는 놀이터도 되지요. 그러다 보니 스마트폰만 잡으면 마노는 시간 가는 줄을 모른답니다. 그 때문에 엄마가 시장에서 돌아올 시간이라는 사실도 깜빡 잊었지 뭐예요.

이키! 오늘도 게임에 빠진 마노는 엄마가 집으로 돌아온 걸 미처 깨닫지 못했어요.

"또 게임 하는 거야?"

엄마의 날카로운 고함이 들렸어요.

순간 마노는 스마트폰을 황급히 껐지만, 이미 소용없는 일이었지요. 엄마는 스마트폰을 잽싸게 낚아챘어요. 그러더니 거칠게 올라간 눈썹을 찡그리며 소리쳤어요.

"넌 어떻게 틈만 나면 게임이니? 공부는 언제 할 거야?"

"게임 한 거 아냐. 영어 동영상 봤단 말이야."

마노는 저도 모르게 거짓말까지 했어요. 그나마 영어 동영상을 봤다고 하면 덜 혼날 것 같았거든요.

사실 스마트폰을 이용하면 공부도 얼마든지 재밌게 할 수 있답니다. 영어 공부에 도움되는 동영상과 동화책을 읽어 주는 프로그램도 있잖아요. 하지만 엄마는 속지 않았지요.

"이젠 거짓말까지 하니? 이렇게 증거가 있는데!"

엄마는 황급히 스마트폰을 켰어요. 전화기 화면에는 마노가 미처 지우지 못한 게임의 흔적이 훤히 드러났지요.

"아휴, 속상해! 요즘 너 때문에 엄마하고 아빠가 얼마나 걱정이 많은 줄 알아?"

엄마는 고개를 절레절레 저으며 한숨을 길게 뱉어 냈어요.

사실 마노도 잘 알고 있답니다. 요즘 엄마와 아빠의 걱정이 이만저만 아니라는 걸 말이에요. 마노가 스마트폰으로 몰래 게임 상품을 결제하거나 아빠의 태블릿 피시로 게임을 하다가 들켜서 혼나는 일이 많아지고 있거든요. 게임에 열중하다 보니, 마노의 시력도 눈에 띄게 나빠졌지요. 밤늦게까지 게임을 한 날이면 종일 토끼 눈이 되어 학교에서도 꼬박꼬박 졸기도 해

요. 게임에 빠져 좀처럼 움직이지 않다 보니, 살도 많이 쪘고요.

엄마는 전화기를 가방 속에 깊이 집어넣으며 웅얼거렸어요.

"놀이터 가서 줄넘기라도 좀 하고, 친구들하고 놀면 얼마나 좋아."

하지만 마노는 팽 하고 콧방귀를 뀌었지요.

"친구 같은 건 필요 없어!"

친구하고 노는 것보다 스마트폰으로 노는 게 훨씬 재미있으니까요.

그러자 엄마가 뭔가를 떠올린 듯 말했어요.

"마노야! 그럼, 너 애완견이라도 길러 볼래?"

애완견에게 정을 들이면 게임을 덜 하지 않을까, 하고 생각한 거지요. 하지만 마노는 이번에도 고개만 저었어요.

"싫어! 싫어! 애완견 같은 건 필요 없어!"

진짜 개는 똥도 치워 줘야 하고, 밥도 주고, 운동도 시켜야 해요. 왜 그런 귀찮은 일을 해야 할까요? 애완견 기르기 애플리케이션이 있으면, 손만 까딱까딱해도 얼마든지 귀여운 애완견을

기를 수 있는데 말이에요.

그래서 마노는 스마트폰을 가진 친구들이 세상에서 제일 부러워요.

'내 스마트폰이 있으면 얼마나 좋을까? 그럼 하고 싶은 걸 실컷 할 수 있을 텐데.'

스마트폰을 가진 친구들을 떠올리자, 마노는 슬그머니 화가 났어요.

'내 스마트폰만 있으면 엄마 걸로 게임을 하다가 이렇게 혼날 일도 없잖아.'

마노는 입술을 삐죽거리며 엄마를 향해 소리쳤어요.

"그러니까 나도 스마트폰 사 달란 말이야."

마노의 말에 엄마는 더 화가 난 눈치였어요. 엄마는 끓어오르는 부아를 삭이려는 듯 숨을 깊게 들이마시며 말했어요.

"지난번에 말했잖아. 지금은 안 된다고! 3학년 되면 사 줄 거라고! 하지만 지금처럼 게임만 하면 어림없어. 절대 안 사 줄 거야."

"에이!"

마노의 입술이 한 뼘이나 되게 튀어나왔지요. 마노에게 스마트폰은 정말 갖고 싶지만 가질 수 없는, 세상에서 가장 재밌는 세상이에요.

"아! 하늘에서 스마트폰이나 뚝 떨어졌으면 좋겠어!"

🎵 스마트폰, 하늘에서 뚝 떨어지다!

세상에! 이게 웬일이에요. 정말 하늘에서 스마트폰이 뚝 떨어졌지 뭐예요.

그날도 엄마가 마트에 가자마자 엄마의 스마트폰을 찾던 마노는 거실 베란다에서 들려오는 이상한 소리를 들었어요.

뚝!

"무슨 소리지?"

베란다로 나간 마노는 그 순간 환호성이라도 지를 뻔했답니다. 베란다 한가운데에 낯선 스마트폰이 덩그러니 놓여 있었으

니까요. 그것도 인기 배우가 광고하는 최신 스마트폰이 말이에요.

"우아! 스마트폰이 정말 하늘에서 떨어졌어!"

마노는 스마트폰을 부여잡고 깡충깡충 뛰었답니다.

시장에서 돌아온 엄마도 깜짝 놀라서 소리쳤어요.

"이게 대체 어디서 떨어진 거지?"

퇴근한 아빠도 당황했어요.

"윗집에서 떨어졌나?"

엄마와 아빠는 스마트폰 주인을 찾는다며

최신형 휴대폰 잃어버리신 분

분주를 떨었어요. 윗집으로 뛰어 올라가서는 "혹시 스마트폰 잃어버리셨나요?" 하고 묻기도 하고, 아파트 관리 사무실로 달려가서 "최신형 스마트폰을 잃어버리신 분은 관리실로 연락 바랍니다."라는 안내 방송도 하게 했지요.

하지만 마노는 당당했어요. 그건 하늘에서 마노를 위해 내려 준 스마트폰이니까요. 그걸 증명이라도 하듯, 사흘이 지나도록 스마트폰을 찾는 사람은 나타나질 않았어요. 마노는 부모님께 당당히 소리쳤지요.

"이건 하늘이 보내 준 내 스마트폰이야!"

그리고 보란 듯이 버튼을 눌러 스마트폰을 켰어요. 자신만의 스마트폰으로 멋지게 게임을 즐길 기대에 부풀어서 말이에요.

그런데 어쩜 좋아요. 스마트폰을 켜자마자, 이상한 안내 글이 등장한 거예요.

스마트폰 자격증 따기!

"이게 뭐지? 새로운 게임인가?"

마노는 화살표 방향으로 화면을 톡 건드려 보았어요. 그러자 이번엔 새로운 안내문이 등장했어요.

이 무슨 괴상야릇한 일이!

"요즘 스마트폰엔 이런 기능도 생겼나 봐?"

마노는 어리둥절할 밖에요. 하지만 호기심도 생겼어요. 마노는 냉큼 '예' 버튼을 눌렀지요. 뭔가 아주 재미있는 일이 벌어질 것 같은 예감으로 말이에요.

> 자격증을 따려면 3단계 임무에 성공해야 합니다.
> 당신은 1단계 임무에 도전하셨습니다.

역시! 임무 도전이라는 재미난 일이 벌어졌어요. 마노는 가슴이 콩콩 뛰었지요.

"스마트폰 자격증 따기 임무? 히야! 이거 정말 재밌겠는걸. 어떤 임무일까?"

곧이어 1단계 임무도 화면에 등장했어요. 그런데 임무를 확

인한 마노는 금세 얼굴이 일그러지고 말았답니다.

> **1단계 임무 : 내일 하루, 아빠와 여덟 번 대화하기**

"에이! 무슨 임무가 이래?"

아빠와 대화하기라니! 너무 평범하고 고리타분한 임무지 뭐예요. 사실 임무라면 '코끼리 목욕시키기!', '개미 똥구멍 찾아내기' 같은 상상 초월, 재미 폭발 임무 정도는 되어야 하잖아요. 마노는 어쩐지 김이 빠지는 느낌이었어요. 그래도 기분은 그리 나쁘지 않았어요.

"히히! 내일 아빠랑 여덟 번만 말하면 되는 거지? 그거야 식은 죽 먹기보다 쉽지!"

다음 날 아침, 식탁에서 아빠와 마주한 마노의 두 눈은 반짝반짝 빛이 났어요. 아빠와 후다닥 이야기를 나누고 임무를 일

치감치 마칠 결심이었으니까요.

"아빠……."

막상 입은 뗐지만, 마노는 말문이 꽉 막혔어요. 아빠는 마노와 이야기를 나눌 상황이 아니었거든요. 스마트폰 검색에 열중하느라 작은 움직임도 없었어요.

아빠는 아침마다 텔레비전을 켜고 뉴스를 봐요. 그리고 스마트폰으로 '오늘의 날씨'나 '오늘의 증시'를 확인하지요. 오늘도 아빠는 다양한 정보를 검색하느라 정신이 없지 뭐예요. 마노가 부르는 소리도 못 듣고 말이에요. 아빠와 대화하기 임무가 시작부터 난관에 부딪힌 거예요.

마노는 침이 바싹 마르며 눈앞이 아득해졌지요.

'안 돼! 어서 아빠와 대화를 해야 해!'

"여보! 마노가 부르잖아요."

마침 엄마가 아빠의 옆구리를 툭툭 쳤어요. 아빠는 어리둥절한 표정으로 마노를 보았지요.

"으응? 왜?"

그런데 막상 아빠가 쳐다보자, 마노는 아무 말도 할 수가 없었어요. 무슨 말을 해야 할지, 아무 생각도 떠오르질 않았거든요. 그제야 마노는 깨달았지요.

'그래. 그동안 아침에 아빠하고 제대로 이야기를 나눈 적이 없었어.'

그랬어요. 마노도 아빠도 아침마다 스마트폰 검색에만 집중하고 있었던 거예요.

'에이! 이럴 줄 알았으면 아빠랑 자주 얘기 좀 할걸.'

마침 엄마가 식탁에 콩나물 무침을 내놓았어요. 순간 마노에게 좋은 생각이 떠올랐지요.

'반찬 얘기를 해 볼까?'

마노는 황급히 아빠에게 말을 걸었어요.

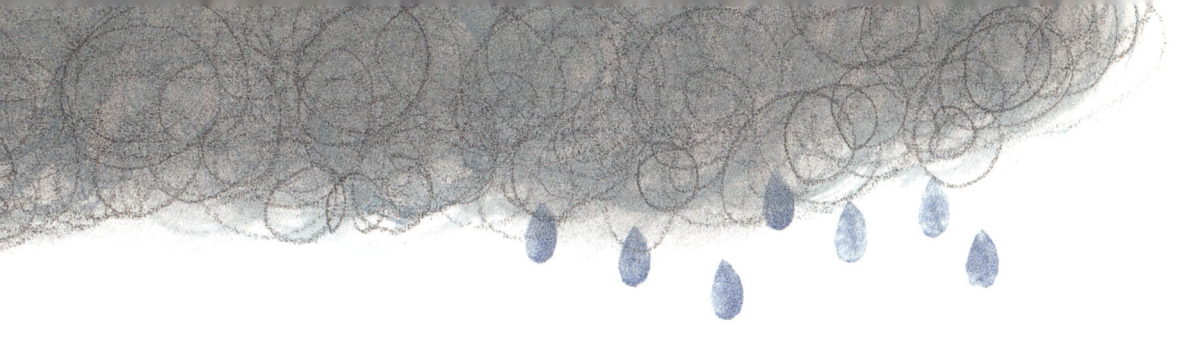

"아빠는 어떤 반찬 좋아해요?"

난데없는 질문에 아빠는 당황한 눈치였지요. 잠시 멀뚱멀뚱 마노를 바라보던 아빠는 마른침을 꿀꺽 삼키며 말했어요.

"뭘 좋아하긴! 엄마가 해 주는 건 다 좋아하지. 난 네 엄마가 한 음식은 다 맛있더라. 근데 웬일이냐? 아빠한테 먼저 말을 다 걸고?"

아빠는 말을 걸어오는 마노가 낯선 눈치였어요.

"너, 뭐 잘못한 거 있지?"

엄마는 아예 의심스러운 눈길로 마노를 바라봤어요.

"아니야! 그냥 나는 아빠랑 대화를 ……."

마노는 다시 말문이 막혀 버렸지요. 안 하던 대화를 하려니 어색하고 답답했어요. 그러는 사이 아침 식사 시간은 끝났고, 마노의 첫 번째 임무는 한 번의 대화로 끝이 나고

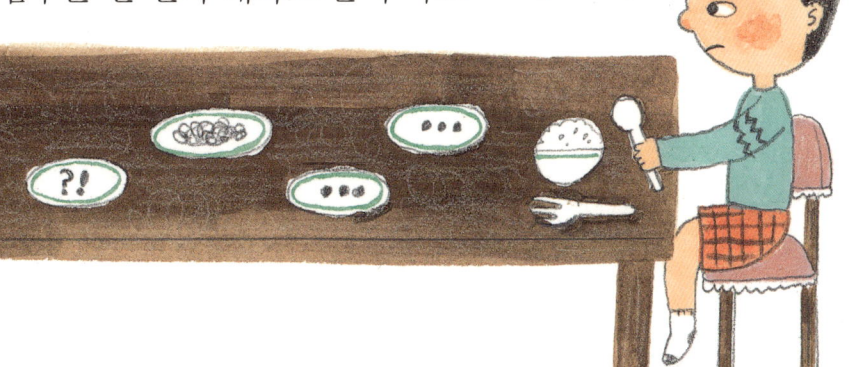

말았답니다.

'할 수 없지. 남은 일곱 번의 대화는 학교에 다녀와서 다시 해야겠어!'

마노는 학교 수업이 끝나자마자 집으로 달려왔어요. 그리고 아빠에게 전화를 했지요.

"아빠, 몇 시에 오실 거예요? 일찍 오세요……. 그냥요……."

아빠를 만나야 대화고 뭐고 할 수가 있으니까 말이에요. 전화를 하면서 또 한 번의 대화는 했으니 이제 남은 건 여섯 번의 대화!

그런데 아빠가 집에 오려면 다섯 시간도 넘게 남았지 뭐예요.

"에이! 심심해. 이럴 땐 게임이 최곤데."

마노는 저도 모르게 하늘에서 뚝 떨어진 스마트폰을 켰어요. 혹시 스마트폰이 짜잔, 하고 켜지며 게임 세상이 펼쳐질지도 모르잖아요. 하지만 그건 어림없는 생각이었어요.

> 아빠와의 대화가
> 아직 여섯 번 남았습니다.
> 대화할 주제를 미리 생각해 보는 게 좋지 않을까요?

헉! 스마트폰에 눈이라도 달린 걸까요? 마노는 온몸이 오싹해졌지요. 그런데 가만 생각해 보니 제법 괜찮은 생각이지 뭐예요.

"그래! 미리 아빠랑 할 말을 적어 두는 게 좋겠어."

마노는 공책을 펼치고서 여섯 가지 대화 내용을 적기 시작했어요.

1. 아빠, 잘 다녀오셨어요?……
2.
3.
4.
5.
6.
7.
8.

그런데 한 가지도 적기 힘들지 뭐예요.

"아…… 이 다음에 뭐라고 하지?"

아빠와 대화 나누기가 이렇게 힘들 줄이야!

> 1. 아빠, 잘 다녀오셨어요? 오늘 회사에서 뭐하셨어요?
> 2. 오늘 저녁 반찬 중에 뭐가 제일 맛있어요?
> 3. 아빠는 친구들 자주 만나세요?
> 4. 요즘 꼭 하고 싶은 일이 뭐예요?
> 5. 아빠, 어릴 때 꿈은 뭐였어요?
> 6. ……??

딩동!

초인종이 울린 건, 마노가 간신히 다섯 번째 질문을 적었을 때였어요. 마노는 잽싸게 현관으로 달려 나가며 소리쳤지요.

"아빠, 잘 다녀오셨어요? 오늘 회사에서 뭐하셨어요?"

마노의 모습에 아빠는 또다시 어리둥절한 눈치였어요. 퇴근해 와도 아빠는 본 척 만 척 컴퓨터나 하던 마노가 달려 나와서 맞이하니 당황한 거지요.

"어? 어! 뭐하긴…… 일했지. 오늘은 결재할 서류가 많아서 아주 힘들었어."

아빠는 마노의 관심이 기분 좋은 듯 활짝 웃었어요.

"여보, 저녁 먹어요. 마노도 어서 와라."

부엌에서 엄마가 재촉하는 소리가 들렸어요. 아빠는 급히 손만 씻고 식탁으로 갔지요. 마노도 쪼르르 아빠 뒤를 따르며 말했어요.

"아빠는 친구들 자주 만나세요? 요즘 해 보고 싶은 일은 뭐예요? 아빠, 어릴 때 꿈은 뭐였어요?"

마노는 쉴 새 없이 질문을 쏟아 냈어요. 빨리 스마트폰 자격증을 따고 싶은 마음이 굴뚝같았으니까요. 마노의 질문 소나기에 아빠는 숨이 찬 듯 물을 들이켰어요. 그러더니 빙그레 웃으며 마노를 쳐다봤지요.

"마노야, 아빠가 회사에서 곰곰이 생각을 해 봤어. 마노가 오늘 왜 그럴까, 하고 말이야. 아침부터 아빠한테 말을 걸고, 회사로 전화해서 빨리 오라고 하고……."

아빠의 말에 순간, 마노는 얼굴이 홧홧하게 달아올랐어요. 아빠가 '너 스마트폰 자격증 따려고 그러는 거지?'라고 소리칠 것 같았거든요.

그런데 아빠는 예상 밖의 말을 했어요.

"그런 생각을 하다 보니 정말 마노한테 미안해지더라. 사실 마노가 아빠하고 이야기 나누고 싶어 하는 건 당연한 거잖아. 아빠가 빨리 퇴근하길 바라는 것도 당연한 거고 말이야. 그걸 이상하게 생각하는 내가 더 이상한 거지. 그동안 아빠가 마노한테 너무 무관심했어. 이제부터는 아침에 텔레비전이나 스마트폰 안 켤 거야. 대신 그 시간에 마노하고 얘기를 나누는 거지. 어때? 좋은 생각이지?"

아빠는 싱글벙글 웃었어요.

휴! 다행이지 뭐예요. 마노의 입에선 안도의 한숨이 흘러나왔어요. 아빠는 스마트폰 자격증 때문이라는 건 꿈에도 생각하지 못하고 있으니까요. 만약 사실을 안다면 아빠는 무척 실망할 거예요. 아빠를 실망시킬 순 없지요. 마노는 아빠를 향해 방긋 미소를 지었지요.

"자, 그럼 지금부터 마노가 물어본 걸 아빠가 하나씩 대답해 줄게."

아빠의 이야기는 저녁밥을 다 먹고서도 끝나지 않았어요.

"아빠는 친구들이 아주 많아. 초등학교 친구들을 아직도 잘 만나고 있지."

"아빠의 꿈? 물론 아빠도 멋진 꿈이 있었지. 내 꿈은 가수였단다. 그래서 지금도 노래방에 가서 노래 연습을 하곤 하지. 이렇게 말이야."

아빠는 구성지게 노래 한 자락을 뽑아내기도 했어요.

그런데 아빠의 이야기를 듣다 보니 시간이 금세 흘러가 버렸어요. 어느새 잠자리에 들 시간이 되고 만 거예요. 마노가 제 방으로 와서 잠옷으로 갈아입는 사이, 마노의 스마트폰에서 "삐삐" 하는 경고음이 울렸어요.

> 마지막 여덟 번째 대화 임무를
> 수행할 시간이 10분밖에 남지 않았습니다!

"어떡하지? 마지막 대화는 뭐로 할까?"

떠오르지 않는 질문 때문에 마노는 마음이 급해졌지요.

그런데 그 고민은 바로 해결이 됐답니다. 아빠가 마노 방문을 열며 이렇게 말했거든요.

"마노야, 근데 이건 너무 불공평해. 너만 질문하면 어떡해? 아빠도 너한테 궁금한 게 많은데 말이야. 이번엔 네가 아빠한테 얘기 좀 해 줘."

아빠는 마노를 안방으로 끌고 왔어요.

"요즘 학교에서 뭘 배우니? 친한 친구는 많아? 너 요즘 꿈은 뭐니?"

이번엔 아빠가 폭풍 질문을 쏟아 낸 거예요.

'히히!'

마노의 입가에 미소가 흘렀어요. 마지막 대화까지 다 해결이 됐으니까요.

"음……, 요즘 학교에선 뭘 배우느냐면요…….."

마노는 아빠의 질문에 하나씩 대답을 했어요. 질문이 많아서 대답을 다 하려면 한 시간은 걸릴 것 같았어요.

마노는 아빠와 이야기를 나누느라, 제 방에서 스마트폰 화면이 파랗게 밝혀지는 것도 몰랐답니다.

**축하합니다. 당신은 1단계 임무에 성공했습니다.
내일 아침 2단계 임무가 주어집니다!**

✉️ 친구와 놀기는 어려워

다음 날 아침, 스마트폰에 2단계 임무가 나타났어요.

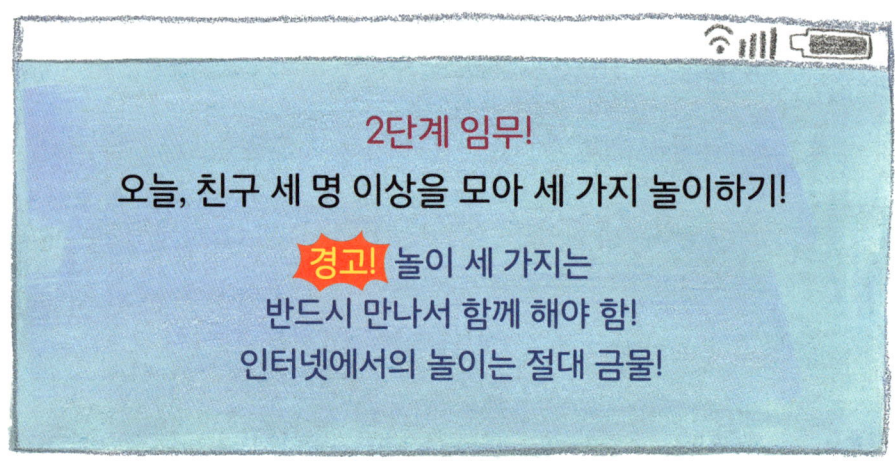

2단계 임무!
오늘, 친구 세 명 이상을 모아 세 가지 놀이하기!

경고! 놀이 세 가지는
반드시 만나서 함께 해야 함!
인터넷에서의 놀이는 절대 금물!

마노는 눈앞이 아득해졌어요. 2학년이 되면서 인터넷 놀이에 빠져 버린 탓에 마노에겐 친구를 사귈 기회가 없었거든요. 더구나 오늘 하루를 함께 놀아 줄 친구라니!

"오늘 나하고 놀 수 있어?"

혹시나 하는 마음에 마노는 짝꿍인 지나에게 물어봤지만, 대답은 예상한 대로였어요.

"나 학원 가야 해. 오늘은 학원이 두 개나 있거든."

다른 친구들도 마찬가지였어요.

"난 형이랑 놀 거야."

"오늘 놀기로 약속한 친구들이 있어."

2단계 임무가 실패할 위기에 놓였어요.

"어떡해……."

마노는 울상이 되었어요. 사실 그동안 친구를 사귈 기회는 많았어요. 쉬는 시간이나 점심시간에 친구들과 놀 수도 있었고, 방과 후에 함께할 수도 있었으니까요. 평소 "친구 같은 건 필요 없어. 컴퓨터 게임을 하는 게 친구랑 노는 것보다 훨씬 재밌는 걸."이라고 생각한 것이 잘못이었던 거지요.

"이럴 줄 알았으면 친구 좀 사귀어 둘걸."

마노는 후회했어요.

그런데 뜻밖의 기회가 생겼지 뭐예요.

"사회 모둠 숙제, 오늘 하자!"

마노는 '빨강' 모둠에 속해 있어요. '빨강'은 반에서 나눈 모둠 중 하나인데, "빨간색을 좋아하는 사람?"이라는 선생님의 물음에 손을 든 마노와 송이, 찬우, 경수가 속한 모둠이에요. 마침 송이가 이번 주에 모둠 숙제로 나온 '우리 동네 지도 그리기'를 하자고 한 거예요.

'와! 우리 모둠은 나 말고도 송이, 찬우, 경수 이렇게 셋이야. 그럼 친구 셋이 되는 거지!'

"그거 좋은 생각이야. 오늘은 모둠 숙제하기 딱 좋은 날이잖아. 그렇지?"

마노는 입이 함지박만 하게 벌어져서는 앞장을 섰어요.

"동네 지도를 그려야 하니까 다 같이 동네 한 바퀴 돌면서 조사하자."

메모지를 들고 힘차게 앞장서 가는 마노 모습에 아이들은 고개를 갸웃갸웃했지요.

"웬일이지, 마노가? 숙제하자고 하면 싫다고 도망갔잖아."

"오늘은 게임 하러 집에 간다고 안 하네. 정말 웬일이람?"

마노는 기막힌 꾀도 생각해 냈어요.

"애들아! 숙제지만 우리 이걸 놀이처럼 해 보자. 이 놀이는 지도 그리기 놀이인 거야. 알았지?"

숙제도 하고 임무도 수행하려는 마노의 꾀였지요.

"좋아! 그거 재밌겠다."

"동네를 다니다가 재미있는 장소를 찾아내는 사람이 이렇게 손을 들고 소리치는 거야. '발견! 대박 장소!'라고 말이야. 재밌겠지?"

손을 들면서 시범까지 보이는 마노 모습에 아이들은 깔깔 웃어 댔어요.

"헤헤헤! 그거 재밌겠다!"

그리고 다음 순간, 동네 골목에선 신나는 고함이 들려왔어요.

"발견! 대박 작은 도서관!"

"발견! 대박 미루나무 그늘!"

"발견! 대박 놀이터!"

아이들은 경쟁이라도 하듯 발견! 발견! 고함을 지르며 동네 지도에

발견!

필요한 정보를 모아갔어요. 그러다 보니, 어느덧 해가 뉘엿뉘엿 지기 시작했고요. 어두워지는 주변을 보자, 마노는 덜컥 걱정이 되었어요.

'놀이는 하나밖에 못 한 거잖아. 아직 두 개나 더 해야 하는데…….'

급한 마음에 마노는 친구들을 졸랐어요.

"얘들아, 우리 놀이 하나만 더 하자. 응? 놀이터로 가서 놀까?"

하지만 아이들은 고개를 절레절레 젓지 뭐예요.

"나도 더 놀고 싶지만, 오늘은 안 돼! 가서 숙제해야 하거든."

"나도 피아노 학원 가야 해!"

"대신 내일 다시 모이자. 조사한 정보로

발견!

지도도 완성해야 하잖아."

아이들은 약속이라도 한 듯 뿔뿔이 흩어지며 집을 향해 달려갔어요.

마노는 눈앞이 캄캄했어요. 놀이를 하나밖에 못 했으니 2단계 임무는 완전히 실패한 거예요.

집으로 돌아가는 마노의 발걸음은 무겁기만 했지요.

'어떡해? 이젠 모두 끝장이야!'

역시! 그날 밤 스마트폰은 파랗게 불을 밝히며 임무 실패를 알렸어요.

당신은 2단계 임무에 실패했습니다!

"흐흑!"

마노는 그만 울음을 터트리고 말았지요. 하늘에서 스마트폰

이 떨어지는 행운은 쉽게 얻을 수 없는 기회예요. 그 기회를 잡고도 스마트폰을 사용할 수 없는 안타까움을 누가 알까요?

"으앙! 어떡해!"

마노는 두 발을 비비적거리며 울고 또 울었어요.

스마트폰에서 딩동! 하는 낯선 소리가 들린 건 그때였어요. 마노가 냉큼 스마트폰을 집어 들자, 새로운 안내 글이 파랗게 떠올랐지요.

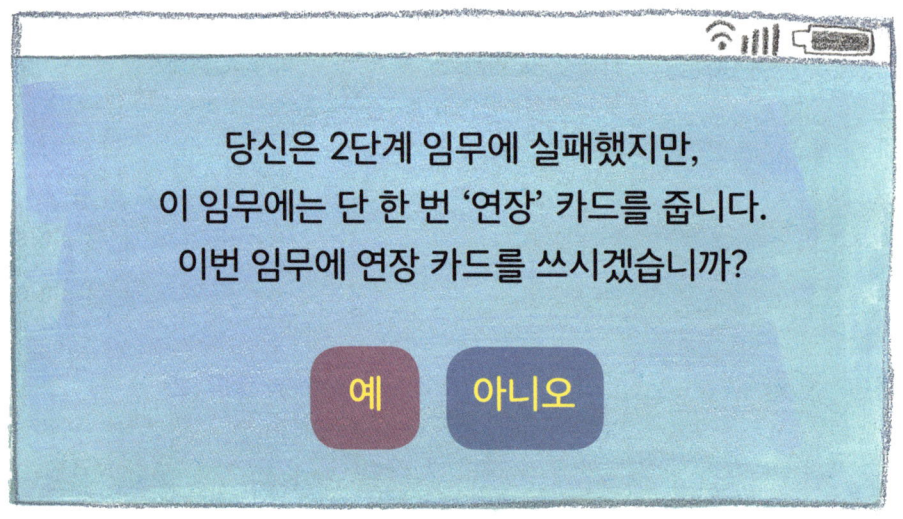

당신은 2단계 임무에 실패했지만,
이 임무에는 단 한 번 '연장' 카드를 줍니다.
이번 임무에 연장 카드를 쓰시겠습니까?

예   아니오

"당연하지!"

마노는 당장 '예' 버튼을 눌렀어요.

당신은 임무 연장 카드를 선택했습니다.
그래서 2단계 임무는 내일까지로 연장됩니다.
단, 연장에 따른 벌칙을 수행해야 합니다.

벌칙 놀이 하나 더 추가!
그래서 당신은 내일 친구들과
다시 세 가지 놀이를 해야 합니다.

 재도전! 2단계 임무

다음 날, 마노는 아침부터 마음이 급했어요. 어서 학교에 가서 아이들과 놀이를 세 가지나 해야 하니까요. 그런데 대체 어떤 놀이를 해야 하는 걸까요?

"아빠는 어릴 때 친구들하고 무슨 놀이하고 놀았어요?"

마노는 무거운 표정으로 물었어요. 밥을 먹던 아빠는 갑자기 얼굴이

환하게 밝아졌어요.

"아주 많지. 골목대장 놀이도 하고, 술래잡기도 하고, 축구도 하고, 야구도 하고……."

친구들과 놀던 생각을 하니 기분이 아주 좋아진 모양이었어요. 엄마도 나섰어요.

"난 '무궁화 꽃이 피었습니다' 놀이가 재밌었어. 친구들과 공깃돌 놀이하는 것도 좋았고."

엄마와 아빠의 놀이 얘기는 끝이 없었어요. 공놀이, 고무줄놀이, 팽이 놀이 등등…….

"엄마하고 아빠는 놀기만 했나 봐."

마노는 놀이의 종류가 그렇게 많다는 것이 신기하기만 했지요. 한편으로 호기심도 생겼어요.

'그 놀이는 정말 재밌을까? 좋아! 일단 오늘 세 가지 놀이라도 해 보자.'

학교에 간 마노는 점심을 먹자마자, 반 친구들을 불러 모았어요.

"우리 나가서 축구 시합하자!"

마노의 난데없는 말에 반 친구들은 인상을 썼어요.

"추워서 싫어!"

하지만 포기할 마노가 아니었어요. 오늘도 임무에 실패하면 스마트폰은 영영 날아가 버릴 테니까요.

"추울수록 움직이라잖아. 그럼 추운 것도 잊는대."

마노는 뭉그적거리는 친구들을 운동장으로 내몰았지요.

막상 축구가 시작되자, 잔뜩 움츠렸던 아이들의 표정도 밝아졌어요. 공을 쫓으며 달리다 보니, 몸이 후끈 달아오르며 따뜻해졌으니까요. 마노는 속으로 소리쳤어요.

'놀이 하나 성공!'

수업이 모두 끝나자, 이번엔 빨강 모둠인 송이, 찬우, 경수가 마노 자리로 몰려들었어요. 지도 그리기 숙제를 완성하려는 거였지요. 마노는 아이들과 힘을 모아 열심히 지도를 완성했어요. 그리고 집으로 돌아가는 길에 놀이터로 아이들을 이끌었지요.

"얘들아, 우리 잠깐 놀이터에서 놀고 가자. 너희 '무궁화 꽃이 피었습니다'라는 놀이 알아?"

마노의 말에 송이가 두 눈을 동그랗게 뜨며 말했어요.

"술래가 '무궁화 꽃이 피었습니다' 하고 소리치고, 움직이다 걸리면 술래 되는 놀이 말이지?"

"그래. 우리 엄마가 어릴 때 그런 놀이 많이 했대. 우리도 해 볼래?"

그런데 눈치 없는 찬우가 고개를 젓지 뭐예요.

"에이, 시시해! 그런 놀이 너무 유치해!"

마노는 찬우를 잡아끌며 보챘어요.

"유치한지 아닌지 그럼 한번 해 보자! 응?"

"에이, 진짜 재미없을 거 같은데……."

찬우는 연신 투덜거렸지만, 마노를 막을 순 없었어요. 놀이터엔 난데없이 "무궁화 꽃이 피었습니다!" 하는 마노의 고함이 울려 퍼졌지요.

그런데 막상 놀이를 시작하자, 가장 신이 난 건 찬우였어요.

"이거 진짜 재밌다!"

찬우는 술래까지 하면서 깔깔 웃어 댔지요.

'히히! 두 번째 놀이, 성공!'

이제 한 가지 놀이만 더 하면 임무 성공이에요.

무궁화꽃 놀이에 신이 난 아이들은 자연스럽게 다음 놀이도 생각해 냈어요.

"우리 옛날 놀이 하나 더 해 볼까?"

"그래. 이번엔 골목대장 놀이하는 거 어때?"

"골목대장 놀이? 그게 뭔데?"

"옛날엔 아이들이 모이면 골목대장을 뽑았대. 우리도 이렇게 모였으니까 골목대장을 뽑아서 골목대장이 원하는 놀이를 하는 거야."

"재밌겠다!"

마노와 아이들은 가위바위보를 해서 골목대장을 정했어요. 송이가 대장이 되었지요.

"줄넘기 시합하자!"

송이는 다이어트를 위해 줄넘기를 시작했다며 '줄넘기 시합'을 놀이로 정했어요. 송이는 골목대장 놀이의 새로운 규칙도 제안했지요.

"줄넘기 시합을 해서 이기는 사람이 다음 골목대장 하는 건 어때? 그럼 줄넘기 시합하는 것도 더 재밌고, 다음에 골목대장을 가위바위보로 정할 필요도 없잖아."

송이의 제안에 모두 고개를 끄덕였어요.

"좋아! 그럼 오늘이 목요일이니까 매주 목요일에 골목대장 놀이를 하기로 하자."

다음 골목대장 자리를 걸고 줄넘기 대회가 벌어졌어요. 아이들은 골목대장이 되기 위해 열심히 줄넘기를 했지요.

"와! 다음 대장은 찬우다!"

한 개 차이로 마노는 대장 자리를 놓쳤어요. 그래도 아쉽지 않았어요. 아이들 덕분에 임무를 마쳤으니까요. 게다가 다음 주 골목대장인 찬우가 무슨 놀이를 하자고 할지, 몹시 기대가 되었거든요.

아침부터 정신없이 놀아서일까요? 마노는 집으로 오자마자 침대에 엎어졌어요. 그리고 쿨쿨 코까지 골며 단잠에 빠져 버렸지요. 스마트폰이 2단계 임무 성공을 알리는 소리도 듣지 못한 채 말이에요.

당신은 2단계 임무에 성공했습니다.
3단계 임무는 내일 아침에!

마지막 임무

드디어 마지막 임무가 주어졌어요.

3단계 임무입니다.
내일 열리는 '버티기 대회'에 참가해서
1등을 해야 합니다.
그럼 당신은 이 스마트폰의 주인이 될 것입니다.

"으아아악!"

마노는 비명을 지르고 말았지요. 버티기 대회는 아무 말도 하지 않고, 맨손으로 서거나 앉아서 버텨야 하는 대회예요. 이번에 처음 열리는 대회인데, 마을 사람이라면 누구나 참가할 수 있지요.

하지만 그건 마노에겐 벌이나 마찬가지예요. 어떻게

아무것도 안 하고 있을 수가 있겠어요?

사실 마노는 한순간도 가만있지를 못해요. 손톱만큼의 시간만 생겨도 컴퓨터로 게임을 하고 스마트폰으로 문자를 주고받고 동영상을 보고……, 무엇이든 해야 하니까요. 마노뿐 아니죠. 지하철에서도 사람들은 스마트폰으로 뭔가를 해요. 집에서도 컴퓨터를 하거나 텔레비전을 보지요. 가만히 머리를 비우고 생각할 시간은 없어요.

버티기 대회에 대한 걱정으로 학교에서도 마노는 근심스런 표정이었어요.

"왜 그래? 마노야, 뭐 걱정거리 있니?"

송이가 어깨를 툭 치며 물었어요.

"사실은……."

마노는 결국 송이와 빨강 모둠 친구들에게 사연을 털어놓고 말았답니다. 최신형 스마트폰이 갑자기 하늘에서 뚝 떨어진 일과 자격증 따기에 도전 중이라서 임무를 수행하는 중이라는 것과 그 마지막 임무가 버티기 대회 우승이라는 것도 말이에요.

마노는 사실을 말하면서도 불안했어요.

'스마트폰 때문에 놀이를 함께했단 걸 알았으니 이제 친구들이 나를 미워하겠지?'

그런데 친구들의 반응이 뜻밖이지 뭐예요.

"이번 임무만 해내면 최신 스마트폰을 갖게 되는 거야? 그럼 실패할 수 없지!"

"맞아! 그건 꼭 성공해야 해! 우리가 도와줄게."

빨강 모둠 친구들도 같이 대회에 참가해서 마노를 도와주기로 했어요. 아이디어도 마구 쏟아졌어요.

"아무 말도 안 하고, 아무 행동도 안 하고 멍하니 버티려면 그냥은 절대 안 돼. 그럼 졸려서 잠이 들고 말걸?"

"머릿속으로 상상하면서 시간을 보내는 게 좋겠어."

"근데 뭘 상상하지? 아주 재미있는 상상을 해야 오래 버틸 수 있잖아."

"안 되겠다. 우리 도서관에 가 보자."

"도서관은 왜?"

"상상력을 기르는 데는 책이 제일 좋다고 하잖아. 책을 읽으면서 상상력을 기르는 거지."

마노는 빨강 모둠 친구들과 우르르 학교 도서관으로 몰려갔어요. 친구들은 모두 책을 한 권씩 골라서 읽기 시작했답니다.

마노는 《방귀 대장 며느리》라는 책을 펼쳤어요. 방귀 대장이란 제목만 봐도 재미난 얘기일 게 틀림없었어요. 역시! 방귀 대장 이야기는 금세 마노를 사로잡았어요. 방귀 대장인 며느리가 참았던 방귀를 힘껏 뀌

는 순간, 온 집안 가구들이 날아가고, 사람들도 날아가는 장면에서는 웃음이 터져 버렸지요.

"히히! 이거 재밌다! 다른 얘기도 재밌을까?"

마노는 다른 책들도 잔뜩 집어 들었어요.

"상상력이여, 길러져라! 쑥쑥 길러져라!"

주문을 외면서 말이에요.

 버티기 대회

드디어 토요일! 버티기 대회 날이 되었어요. 마노는 친구들과 함께 힘차게 대회장으로 갔지요.

"마노, 힘내!"

엄마와 아빠도 마노를 응원하기 위해 와 주었어요.

대회장은 참가한 사람들로 가득했어요. 문방구 아줌마, 떡집

제1회 버티기 대회

아저씨와 미용실 누나, 마노네 학교 교감 선생님까지 와 있었어요. 마노는 대회장 한가운데에 친구들과 나란히 서서 자리를 잡았어요.

"삑!"

대회 시작을 알리는 호루라기 소리가 요란하게 울렸어요. 순간 대회장은 침묵에 휩싸였지요. 누구라도 한마디만 하면 탈락인 거예요.

마노는 입을 꾹 다문 채 눈을 감았어요. 눈을 감아야 말을 하지 않을 것 같았거든요. 그런데 가만히 버티는 일은 쉬운 일이 아니었어요.

"허엄!"

"아이, 힘들어!"

이미 참가자들 사이에서 신음이 나오며 탈락하는 사람들이 생겼어요. 마노도 죽을 지경이었어요. 몸은 근질근질, 머릿속은 뒤죽박죽, 좀이 쑤셔서 미칠 것 같죠 뭐예요.

'어떻게 게임도 안 하고, 스마트폰도 안 보고 가만히 있는단 말이야. 말도 안 돼!'

그런데 마노는 문득 깨달았어요.

'이번 일주일 동안, 한 번도 게임을 하지 않았어!'

그랬어요. 스마트폰 자격증을 따려고 뛰어다니느라 엄마의 스마트폰을 켤 틈이 없었거든요. 임무를 해내느라 가족과 이야기하고, 친구와 놀고, 버티기 대회 준비 때문에 도서관에서 보내고……. 그런데도 지루한 줄 몰랐던 일주일이었어요. 스마트폰도 컴퓨터도 켜지 않았는데 말이죠. 아니, 게임을 하는 것보다 더 재밌게 보낸 일주일이었어요.

마노의 머릿속에 어제 읽은 동화 주인공들이 떠오르기 시작한 건 그때였어요.

'어제 읽은 《삐삐 롱스타킹》의 삐삐도 참 재밌게 노는 아이였어. 컴퓨터도 안 하고, 스마트폰도 없는 아이인데 말이야. 만약 삐삐가 이 대회에 참가한다면 틀림없이 자기가 아끼는 말을 타고 나타날 거야. 힘이 세니까, 말도 둘러업고 버틸지도 몰라. 히히! 피노키오가 온다면 거짓말로 길어진 코를 둘둘 말고서 버티기를 할 거야.'

마노는 동화 속 친구들을 계속 불러냈어요. 심통쟁이 놀부는 박을 이고 나오고, 도깨비들은 방망이를 휘두르며 나타났어요. 콩쥐도 나타나고, 팥쥐도 나타나고, 신데렐라와 빨간 구두 카렌도 나타났어요. 얼마 전에 본 영화 주인공 〈겨울 왕국〉의 엘사까지도 말이에요.

마노가 그렇게 상상에 빠진 사이, 참가자들은 이미 대부분 탈락하고 있었어요. 빨강 모둠 친구들도 말이에요.

대회장엔 어느새 아줌마 한 사람과 마노만 남았답니다. 마노는 그 사실도 모른 채 더욱더 상상 속으로 빠져들고 있었지요.

"마노야! 이제 조금만 버티면 돼! 힘내자!"

엄마와 아빠, 그리고 빨강 모둠 친구들이 응원하는 소리조차 못 듣고서 말이에요.

그런데 마노는 한순간 인상을 쓰고 말았어요.

'아이, 방귀가 나오려고 해. 어떡하지?'

아침에 먹은 삶은 달걀이 보글보글 방귀로 바뀌었나 봐요. 마노는 방귀를 참으려고 애를 썼지요. 방귀 소리 때문에 심사위원들이 "탈락!" 하고 소리칠지도 모르니까요.

방귀 대장 며느리가 대회장에 나타난 건 그때였어요. 방귀 대장 며느리도 뱃속이 부글거리는지 온갖 인상을 다 쓰고 참고 있었

어요. 부글부글 방귀 대장 며느리 배가 부풀어 올랐어요. 부글부글 마노의 배도 가스로 차올랐어요.

'참아야 해! 참아야 해!'

마노는 입술을 꼭 깨물었지요.

하지만 방귀라는 게 참는다고 참아지는 게 아니랍니다. 마노의 얼굴이 노랗게 변하는가 싶더니, 다음 순간!

뺑!

대회장에 엄청난 방귀 소리가 터져 나왔어요. 방귀 대장 며느리가 더 이상 참지 못하고 방귀를 냅다 뀐 거예요. 아니, 마노가 방귀를 뀐 거지요.

대회장은 금세 난장판이 되었어요. 삐삐가 말과 함께 하늘로 날아가고, 놀부도 구름을 뚫고 날아갔어요. 심사위원들은 나무를 부여잡았고, 빨강 모둠 친구들과 부모님도 날아가지 않으려고 애를 썼지요.

"어머나! 킥킥!"

마노 옆에서 간신히 버티던 아줌마가 웃음을 터트리며 주저앉은 건 그때였어요. 방귀 소리에 그만 웃음을 터트리며 탈락한 거예요.

마노도 더는 참을 수가 없었어요.

"으하하!"

마노도 폭풍 같은 웃음을 터트렸지요. 대회장은 금세 웃음바다로 변했어요. 하하하! 으하하! 사람들은 배꼽을 잡고 웃어 댔지요.

"오늘 대회는 버티기 대회가 아니라 방귀 대회야, 방귀 대회! 하하하!"

🎵 스마트폰 자격증

마노는 그렇게 임무를 성공시켰어요. 그날 밤, 자랑스러운 안내 글이 스마트폰에 떠올랐지요.

> 당신은 모든 임무를 성공적으로 수행했습니다.
> 스마트폰 자격증을 받을 자격이 있습니다.
> 이제 이 스마트폰은 당신의 것입니다.

멋진 자격증도 나타났어요.

그리고 짜잔 하고 드디어 파란 불빛을 빛내며 스마트폰이 열렸어요.

"이야!"

마노의 입에선 절로 탄성이 터졌지요.

"이제 게임을 실컷 해 볼까?"

마노는 마음이 급했어요. 그동안 못 했던 게임까지 모두 하려면 밤을 새도 모자랄 테니까요. 마노는 황급히 합체 로봇 게임을 눌렀지요.

이상한 일이 벌어진 건 그때였어요. 부속품을 모아서 로봇이 완성되고, 받은 알로 시작된 게임! 그런데 평소와 달리 별 재미가 없지 뭐예요. 화면 속에서만 움직이는 로봇들을 보며 마노는 저도 모르게 중얼거렸어요.

"진짜 로봇도 아닌데 뭐!"

로봇을 보자, 골목대장 놀이를 하던 빨강 모둠 친구들의 얼굴이 자꾸 떠올랐어요.

애완견 기르기 게임도 시큰둥했어요.

"진짜 개도 아닌데 뭐!"

책을 읽어 주는 프로그램도 영 별로지 뭐예요.

"도서관에서 친구들하고 책 읽는 게 더 재밌어!"

마노는 스마트폰을 침대 위로 휙 던져 버리고 말았지요.

"에이! 재미없다!"

이상한 일이 아닐 수 없었어요. 예전엔 세상에서 제일 재밌는 일이 스마트폰 가지고 노는 거였는데 말이에요. 그런데 이젠 스마트폰를 켤 때마다 함께 놀던 친구들 얼굴만 자꾸 떠오르다니!

"참! 다음 주 목요일에도 골목대장 놀이하기로 했지? 잊지 말라고 아이들한테 알려 줘야겠다."

마노는 던져 버렸던 스마트폰을 다시 집어 들었어요. 제일 먼저 찬호에게 전화를 걸었어요. 찬호의 반가운 목소리가 들려왔어요.

"마노구나. 나도 지금 너한테 전화하려고 했어. 다음 주에 우리 골목대장 놀이하기로 했잖아. 그때……."

찬호도 다음 주 목요일을 기다리고 있는 게 확실해요. 찬호는 연신 종알거리며 목요일에 함께할 놀이에 대해 얘기했어요.

찬호와 통화를 마친 마노는 스마트폰을 다시 들었어요. 찬호와 나눈 내용을 다른 친구들에게 문자로 알려 주었어요.

얘들아, 다음 주 목요일에 놀이터에서 모이기로 한 거 잊지 않았지?

마노는 신이 나서 문자 자판을 탁탁 두드리기 시작했어요.

그러다 문득 손놀림을 멈췄어요. 그리고는 스마트폰을 지그시 바라보았지요. 마노의 눈빛에 뿌듯함과 애정이 가득했어요.

"역시! 스마트폰은 참 좋은 거야. 이렇게 친구들과 재미난 얘기를 나눌 수 있게 해 주잖아. 헤헤! 스마트폰 자격증을 따길 정말 잘했어!"

|부록|

스마트폰을 똑똑하게 사용하는 법

1. 나의 상태 알아보기
2. 스마트폰 중독 예방하기
3. 스마트폰 없이 생활하기

나의 상태 알아보기
- 나는 스마트폰 중독일까, 아닐까?

스마트폰에 중독되면 지나치게 스마트폰에 집착하면서 사용 시간을 조절하지 못하게 돼요. 혹시 여러분도 스마트폰에 중독된 건 아닐까요? 아래 질문으로 확인해 보세요. 해당하는 내용에 동그라미를 그리세요.

 해당하는 내용이면 동그라미 하세요.

1. 친구와 노는 것보다 스마트폰 하는 것이 좋다. (   )
2. 스마트폰 때문에 다른 일을 소홀히 한 적이 있다. (   )
3. 스마트폰 때문에 성적이 떨어졌다. (   )
4. 공부나 다른 일을 하기 전에 먼저 스마트폰이나 컴퓨터를 켠다. (   )
5. 최신형 스마트폰에 대한 호기심이 크다. (   )
6. 스마트폰이 없으면 지루하고 허전할 것 같다. (   )

7 스마트폰을 하다가 밤늦게 잔 날이 있다. (   )

8 스마트폰을 하지 않을 때도 스마트폰 생각을 자주 한다. (   )

9 스마트폰 하는 시간을 줄이려고 하지만, 잘 안 된다. (   )

10 밖에서 노는 시간보다 스마트폰을 하는 시간이 훨씬 많다. (   )

11 스마트폰을 하지 않으면 우울하지만, 스마트폰을 하면 금세 기분이 좋아진다. (   )

12 스마트폰 중독이라면서 가족들이 걱정한다. (   )

13 스마트폰을 통해 새로운 친구들을 많이 사귄다. (   )

나의 스마트폰 중독 결과 보기

동그라미 개수로 나의 중독 정도를 알 수 있어요.

0~3개 : 정상적인 단계예요. 이 상태를 잘 유지하도록 노력해요.

4~9개 : 자칫하면 스마트폰에 중독될 수 있으니 조심해야 해요.

10~13개 : 스마트폰 중독이 의심돼요. 부모님과 상의해서 적절한 치료 방법을 찾아야 해요.

스마트폰 중독 예방하기
- 스마트폰에 중독되지 않으려면 어떻게 해야 할까?

한순간만 방심해도 누구나 스마트폰에 중독될 수 있어요.
그래서 중독되지 않도록 예방하는 것이 무엇보다 중요하지요.
중독에 빠지지 않고 스마트폰을 즐길 수 있는 안전한 방법은 무엇일까요?
만약 스마트폰에 중독되었다면 어떻게 해야 할까요?

스마트폰 때문에 얻는 것과 잃는 것에 대해 적어서 비교해 보세요.

이렇게 하면 스마트폰에 대해 좀 더 이성적으로 생각해 보게 되지요.

스마트폰을 사용할 땐 음식을 먹지 않도록 하세요.

맛있는 과자 등을 먹으면서 스마트폰으로 게임을 즐기는 사람들이 있어요. 이런 행동은 스마트폰에 대한 집착을 더 심하게 만들어요.

통화 외의 용도로 스마트폰을 사용할 땐, 사용 전에 자신이 왜 스마트폰을 하려는지 다시 한 번 생각해 보세요.

꼭 필요한 용도가 아닐 때에는 자제하는 습관이 길러져요.

스마트폰 사용 시간을 점검해 보세요.

만약 하루 2시간 이상 사용한다면, 바로 개선이 필요해요.

항상 '나도 스마트폰에 중독될 수 있다'라는 생각을 해요.

이런 생각은 경계하는 마음을 갖게 해 줘서, 집착하는 욕구를 낮춰 주지요.

스마트폰 애플리케이션은 반드시 필요한 것만 내려 받도록 해요.

반드시 필요한 애플리케이션 2, 3개만 사용하는 습관은 스마트폰 중독을 예방해 주지요.

스마트폰을 끄고 친구나 가족과 지내는 시간을 늘리도록 해요.

스마트폰 중독을 막는 가장 좋은 방법은 스마트폰으로부터 멀어지는 거예요. 가정이나 학교에선 스마트폰을 잊고, 가족이나 친구와 즐겁게 지내도록 노력하세요. 그 시간이 길어질수록 스마트폰의 중독 위험으로부터 멀어지는 거니까요.

스마트폰 없이 생활하기
- 스마트폰이 없어도 재미있게 놀 수 있어요.

스마트폰으로 노는 일에 익숙한 사람은 스마트폰 없이는 재미나게 놀 수 없다고 생각해요. 하지만 그건 잘못된 생각이에요. 스마트폰을 끄면 더 많은 놀이를 할 수 있거든요.
과연 스마트폰 없이 할 수 있는 놀이에는 어떤 것들이 있을까요?

가족이나 친구와 '스마트폰 없이 살아 보기' 게임을 해 봐요.

하루만이라도 스마트폰을 끄고 생활하는 놀이를 해 보세요. 그럼 그동안 우리가 얼마나 스마트폰에 의존하며 살았는지를 깨닫게 돼요. 그리고 스마트폰 들여다보는 시간을 포기하면, 아주 다양한 놀이가 있다는 걸 알게 돼요.

'독서 퀴즈' 놀이를 해요.

책으로 재미난 놀이를 할 수 있어요. 가족이나 친구들과 같은 책을 읽고, 그 내용에 대해 퀴즈를 내는 거예요. 퀴즈에 대한 상과 벌을 정하면 더 재미나지요.

'놀이책 체험'도 해 보세요.

요즘은 놀이 방법을 알려 주는 책이 아주 다양해요. 그 책을 친구들과 보면서 직접 해 보는 것도 재미있는 놀이를 찾는 좋은 방법이에요.

블록, 퍼즐 놀이를 해요.

이런 놀이는 재미도 있지만, 공간·지각 능력과 도형 감각을 길러 준답니다.

놀이터를 이용해요.

일주일에 한 번이라도 친구들과 놀이터에 모여서 놀아 봐요. 놀이터에 있다 보면 절로 재미난 놀이가 떠오르거든요. 윷놀이, 팽이치기 등의 전통 놀이를 즐겨 보는 것도 좋아요.

정기적으로 운동을 해요.

수영이나 태권도, 발레나 탁구 등의 운동을 시간을 정해서 하는 것도 좋아요. 운동에 재미를 붙이면 자연스럽게 스마트폰과 멀어지거든요.

가족이나 친구들과 주말 체험 놀이를 계획해 보세요.

주말을 이용해서 다양한 체험 놀이를 하는 것도 좋아요. 가까운 산이나 공원에서 자연 체험하는 것도 좋고, 박물관이나 전시회를 즐기는 습관도 좋아요.

국립중앙도서관 출판시도서목록(CIP)

스마트폰 자격증이 필요해 : 스마트폰 사용 습관을 고쳐주는 책 /
글: 이향안 ; 그림: 이주희. — 고양 : 위즈덤하우스, 2015
　p. ; 　cm

ISBN 978-89-6247-618-7 74810 : ₩8500
ISBN 978-89-92010-33-7(세트)

생활 동화[生活童話]
813.8-KDC6　　　　　　　　　　　CIP2015015925

스마트폰 사용 습관을 고쳐주는 책
스마트폰 자격증이 필요해

초판 1쇄 인쇄 2015년 7월 1일　**초판 1쇄 발행** 2015년 7월 10일

글 이향안　**그림** 이주희
펴낸이 연준혁　**스콜라 부문대표** 황현숙

출판 5분사 분사장 배재성　**1부서 편집장** 윤지현
책임편집 김숙영　**디자인** 마루·한

펴낸곳 (주)위즈덤하우스　**출판등록** 2000년 5월 23일 제13-1071호
주소 경기도 고양시 일산동구 정발산로 43-20 센트럴프라자 6층
전화 (031)936-4000　**팩스** (031)903-3891　**전자우편** scola@wisdomhouse.co.kr
홈페이지 www.wisdomhouse.co.kr　**스콜라 카페** http://cafe.naver.com/scola1

ⓒ이향안, 2015
ISBN 978-89-6247-618-7　74810
ISBN 978-89-92010-33-7(세트)

이 책은 저작권법에 따라 보호받는 저작물이므로 무단전재와 무단복제를 금지하며,
이 책 내용의 전부 또는 일부를 이용하려면 반드시 저작권자와 (주)위즈덤하우스의 동의를 받아야 합니다.
*잘못된 책은 바꿔 드립니다.　*책값은 뒤표지에 있습니다.

스콜라는 (주)위즈덤하우스의 아동·청소년 브랜드입니다.